कुछ किस्से, कुछ बातें

वेदांत अग्रवाल

Copyright © 2024 by Vedant Agarwal

All rights reserved.

This book or any portion thereof may not be reproduced or used in any manner whatsoever without the express written permission of the respective writer of the respective content except for the use of brief quotations in a book review.

The writer of the respective work holds sole responsibility for the originality of the content and The Write Order is not responsible in any way whatsoever.

Printed in India

ISBN: 978-93-6045-829-4

First Printing,

The Write Order

A division of Nasadiya Technologies Private Ltd.

Koramangala, Bangalore

Karnataka-560029

THE WRITE ORDER PUBLICATIONS.

www.thewriteorder.com

Editor - Mohini Shukla

Typesetting - Keerthipriya

Book Cover design and Illustrations - Rohit Raman

Publishing Consultant - Samyuktha Prasanan

Index

एक नज़्म, उसके नाम की	1
इश्क़ जो मेरे लिए था	4
काश कोई उसे भी समझता	6
समय, कुछ तेरा कुछ मेरा	8
मुस्कुराहट की छाप	10
आँखों की शर्मा-शर्मी	12
आसमान में क्यों उड़ा	14
आज़ादी क्या है	16
बेरंग चित्रों को कुछ रंगीन बनाते हैं	18
दो प्याली चाय की	20
उम्मीद	22
रहस्यमय है दिल्ली	24
तस्वीरें	26
हम उस पल को याद करेंगें	28
ऊंचाइयों की चकाचौंध	30
तुम क्या सिखाते हो	32
वक़्त-वक़्त की बात है	34
सफलता और असफलता के फ़ासले	36
सपने, जो नहीं रहे	38
मैं ठीक हूँ	40
जन्नत-ऐ-कब्रिस्तान	42
राहें ढूँढते मुसाफिर	44

माँ का आंचल	46
कुछ सवाल और उसके प्यारे जवाब	48
आज तो रावण भी था बेचारा	50
मोहब्बत	52
आसमान और शहर	54
खिलौने इंसान के	55
तीन शब्द	58
समय का पहिया	60
थोड़ी देर की मुस्कान	62
चका चोंद में घूमते मुसाफ़िर	64
खुशनसीबी	66
कटी पतंग	68
मेरा प्यारा तिरंगा	70
हम सब एक मुसाफ़िर ही तो हैं	72
दौड़ जारी है	74
आँखे जो तुम्हारी कहती	76
अभी ज़िंदा है	78
यह एहसास जो तुम्हारा है	80
तुम आज भी उसे मत पहचानना	82
तेरी एक झलक	84
मेरी गली	86
कहां हो तुम छिपे	88

एक नज़्म, उसके नाम की

अपने सपने जला उठा,
तेरे सपनों के अंगारे, सुलगते देखने को ॥

तू जन्मा भी नहीं,
वो तेरा आशियां सजाने लगा,
तू जन्मा भी नहीं,
वो तेरी आवश्यकताएं पूरी करने लगा ॥

तू माँ-माँ करता रह गया,
वो बिना पुकारे सुन गया ॥

बुरा शायद लगा होगा तेरे सलीके का ,
हर बार माफ़ी देते तुझे सिखलाया करता,
प्यार भी तो तुझसे करता ॥

तुझे हर बुराई से बचाता
तू गिरा भी, तो फिर उठाता,
चलना भी तो, वही सिखलाता ॥

रोए भी नहीं रो पाता,
सबकी फरियादें सुनता,
क्या करे समाज यही सिखलाता ॥

इश्क़ जो मेरे लिए था

इश्क़ मज़हब होता, तो माथा टेक आता,
इश्क़ परीक्षा होती, तो क़िताबें घर ले आता,

इश्क़ बाज़ारों में मिलता तो सब बेच,
खरीद ले आता, इश्क़ उतना ही था,
जिसको जितना समझ आता,
इश्क़ वो दरिया था,
जिसको जितना पिया उतना भर जाता,

इश्क़ अगर बार-बार होता,
तो खुद को समझा लिया जाता।

5.

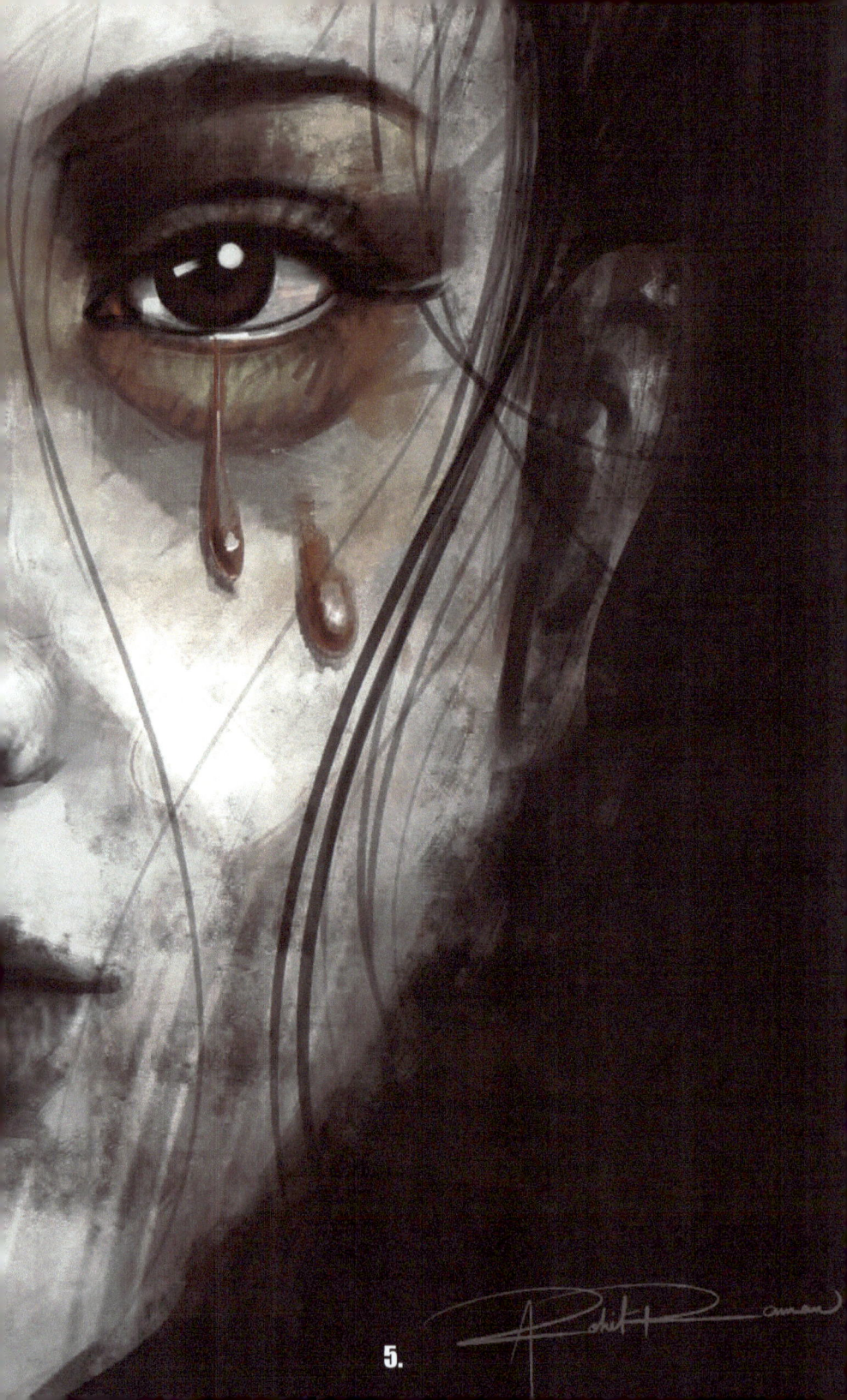

काश कोई उसे भी समझता

ना बाप का पता था, ना माँ का,
ना जाने क्यों वो चिल्लाती रही,
ना जाने क्यों रोज़ देर तक नहाती रही,
ना जाने क्यों वो रूह की गन्दगी साफ़ नहीं हो रही ॥

ना जाने क्यों वो चुप रही,
ना जाने क्यों वो बात, आँसू की तरह बहाती रही ॥

ना ही कानून, ना ही लोग समझते उसका नकारना,
बस वह उस बिस्तर पर, रोज़ सुन्न पड़ी रही,
मरने की सोच रही थी,
पर क्या करती वो एक वेश्या थी ॥

कल बेहतर होगा सोच कर रुक जाती ॥

7.

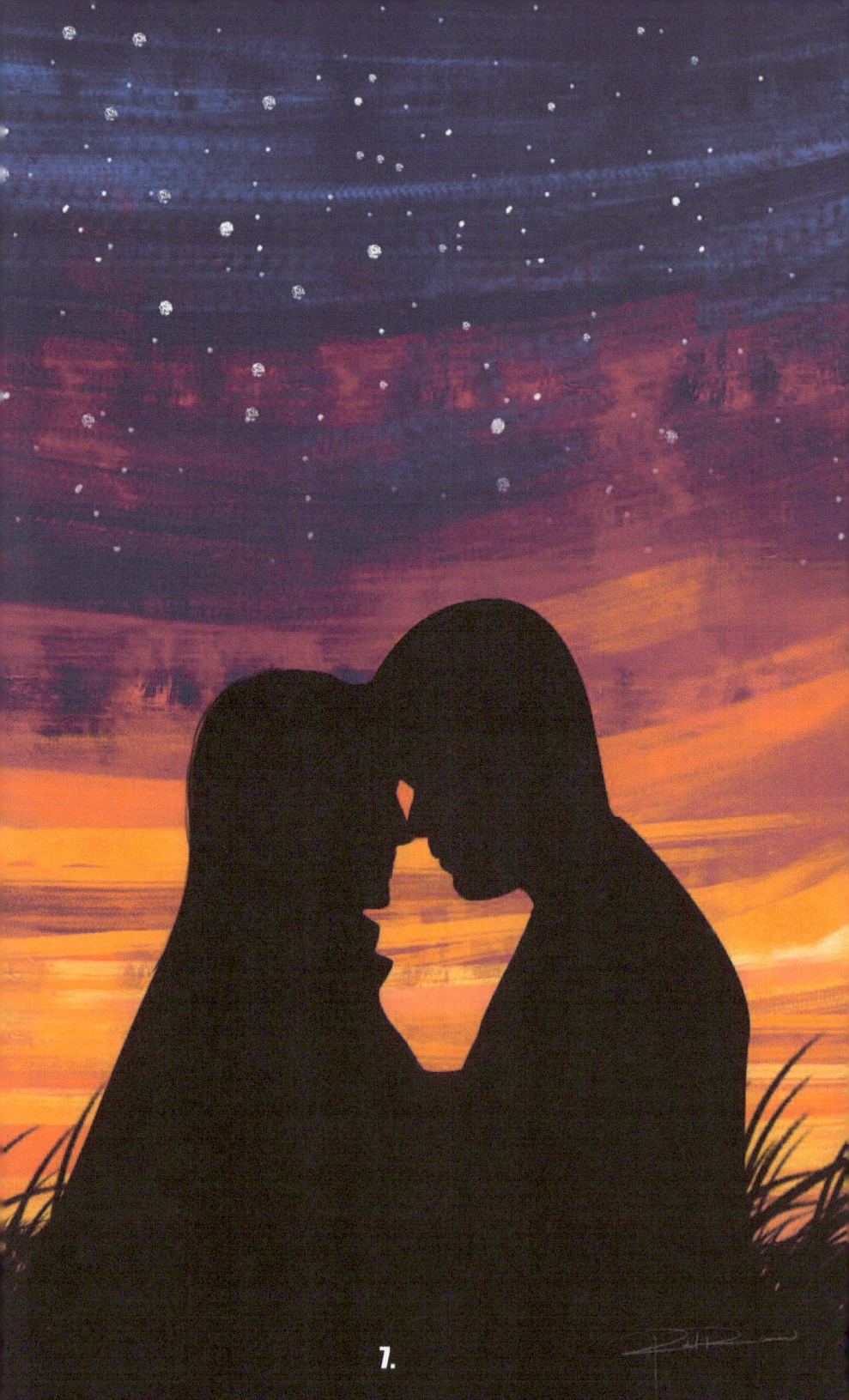

समय, कुछ तेरा कुछ मेरा

समय रेत की तरह हथेली से फिसलता,
मैं उस जगह फिर लौट आता ॥

समय, जो हमेशा रहेगा,
कुछ तेरे लिए, कुछ मेरे लिए,
पर शायद, ज़्यादा मेरे लिए ॥

उस रात सितारों की कालीन के नीचे,
ठंडी हवा के बीच,
गुन गुनाते संगीत के किनारे,
मैंने तेरी आँखों में देखे ज़्यादा चमकते तारे ॥

उस ठंड में ठंड का अहसास न था
वो समय थम-सा गया था,

फिर आँख खोले मैं आज में आ जाता हूँ,
समय शायद बीत गया था ॥

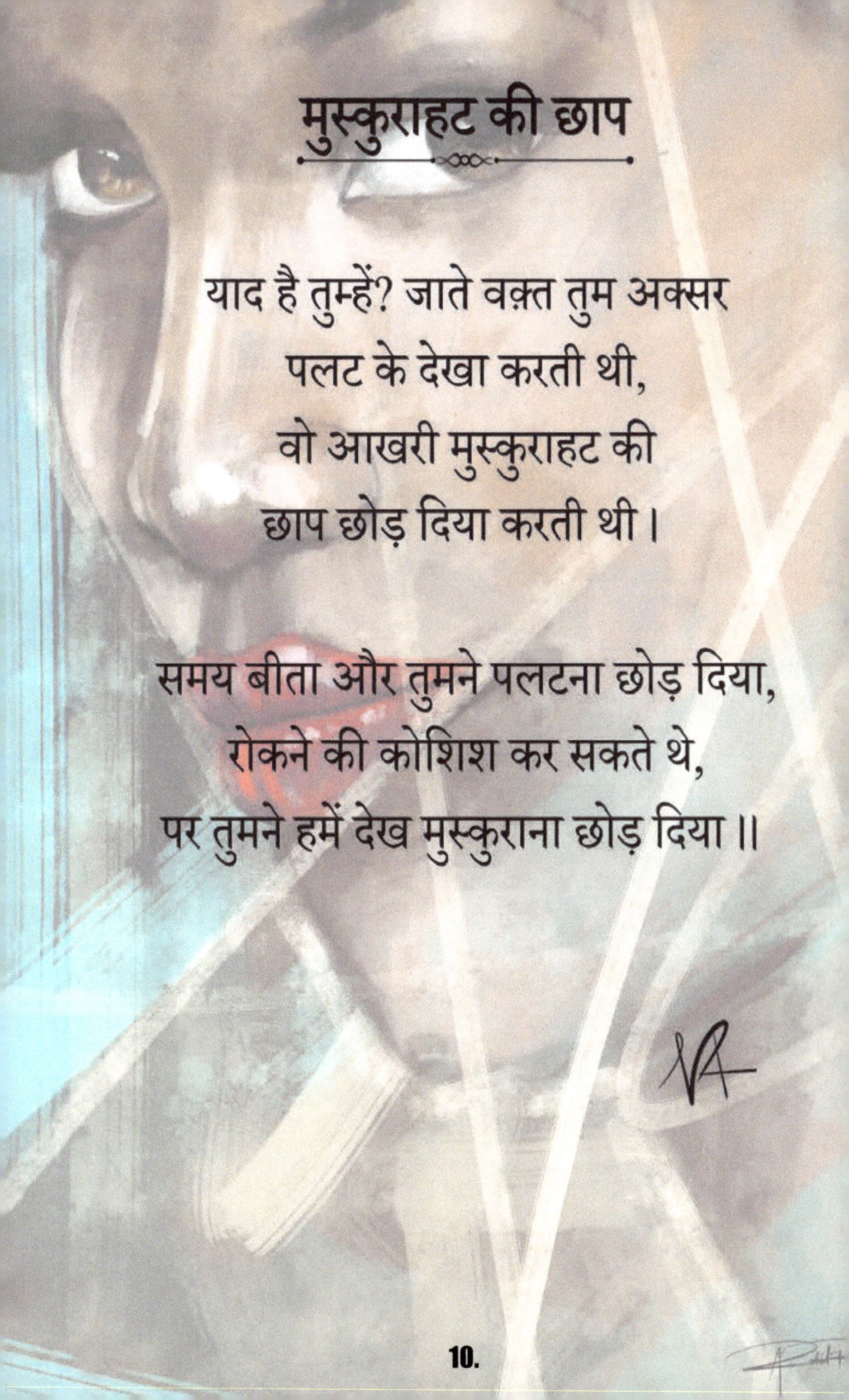

मुस्कुराहट की छाप

याद है तुम्हें? जाते वक़्त तुम अक्सर
पलट के देखा करती थी,
वो आखरी मुस्कुराहट की
छाप छोड़ दिया करती थी।

समय बीता और तुमने पलटना छोड़ दिया,
रोकने की कोशिश कर सकते थे,
पर तुमने हमें देख मुस्कुराना छोड़ दिया॥

11.

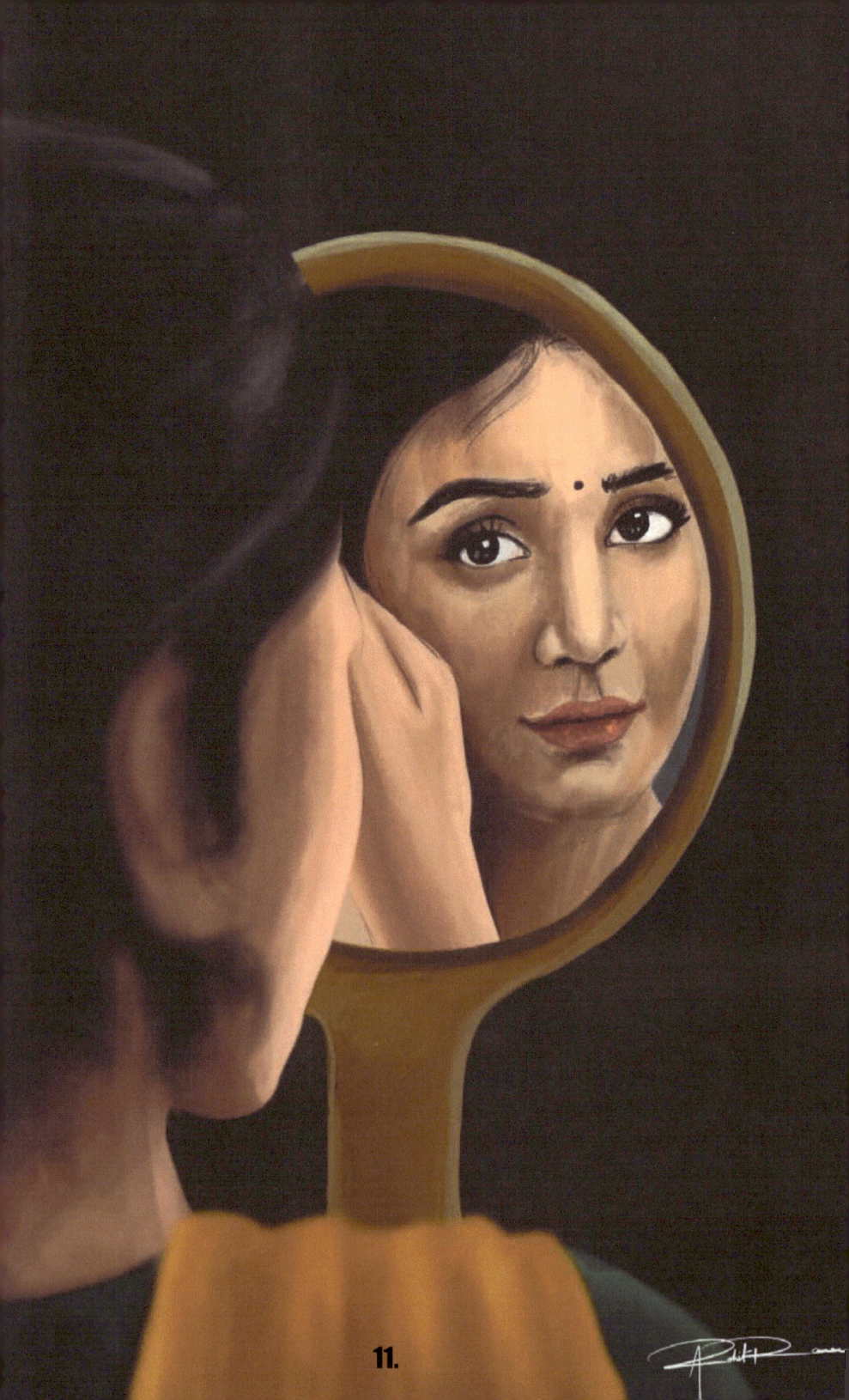

आँखों की शर्मा-शर्मी

एक शाम की बात है,
शांत बैठे थे हम
कभी वो आँखें चुराती,
कभी मैं आँखें चुराता,
लेकिन
एक वक़्त ऐसा भी आया,
जब आँखें मिलीं
वक़्त तो ठहर सा गया,
पर आँखों ने महफ़िल लगाई ।।

13.

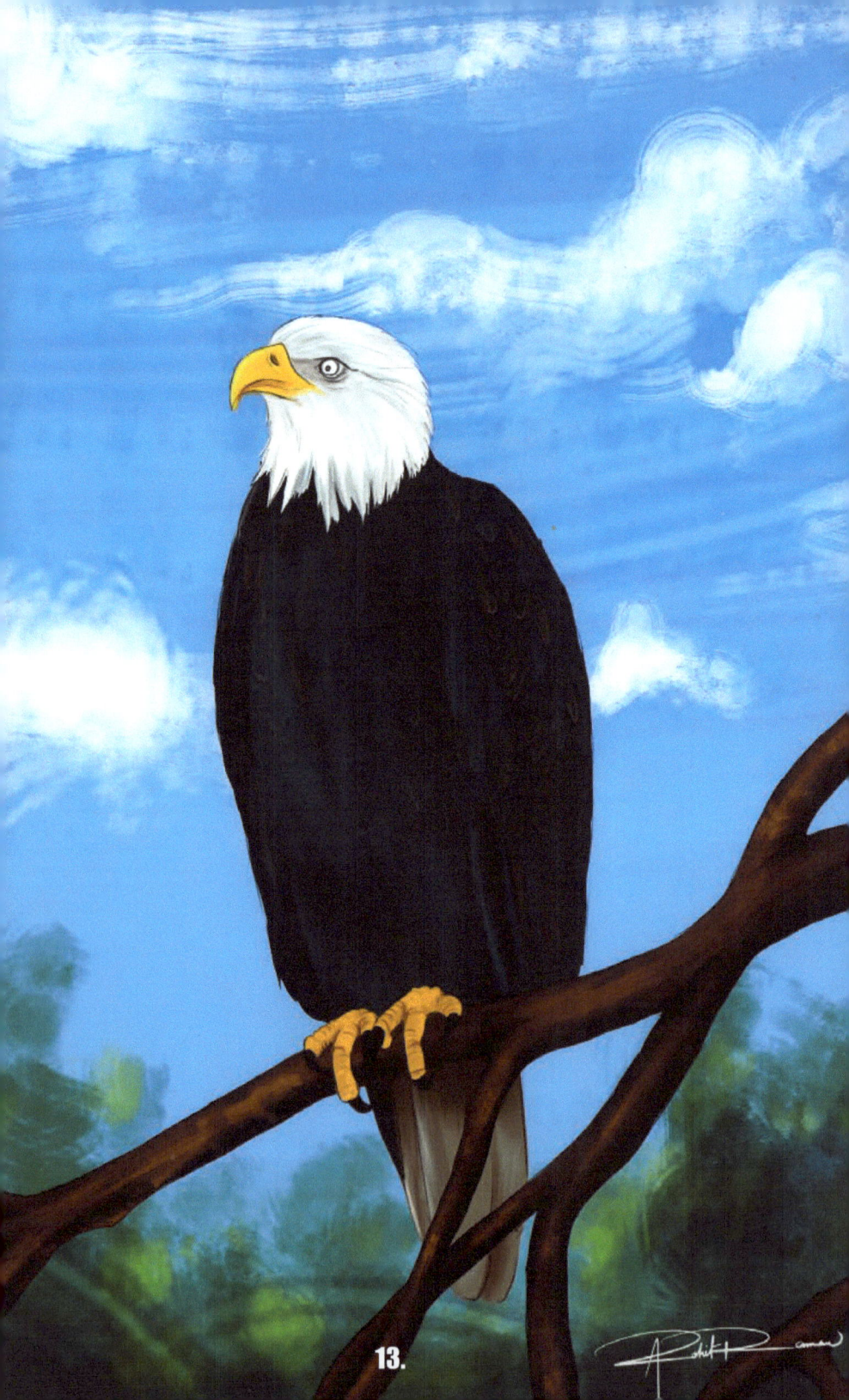

आसमान में क्यों उड़ा

जड़ों से जुड़ा है,
न जाने क्यों फिर आसमान में उड़ा है।

वो गिद्ध सबसे ऊपर उड़ने वाला भी,
ज़मीन में मिलने आया है ॥

ना जाने तू क्यों उड़ने लगा है,
आख़िर, तू ज़मीन में ही मिलेगा ॥

15.

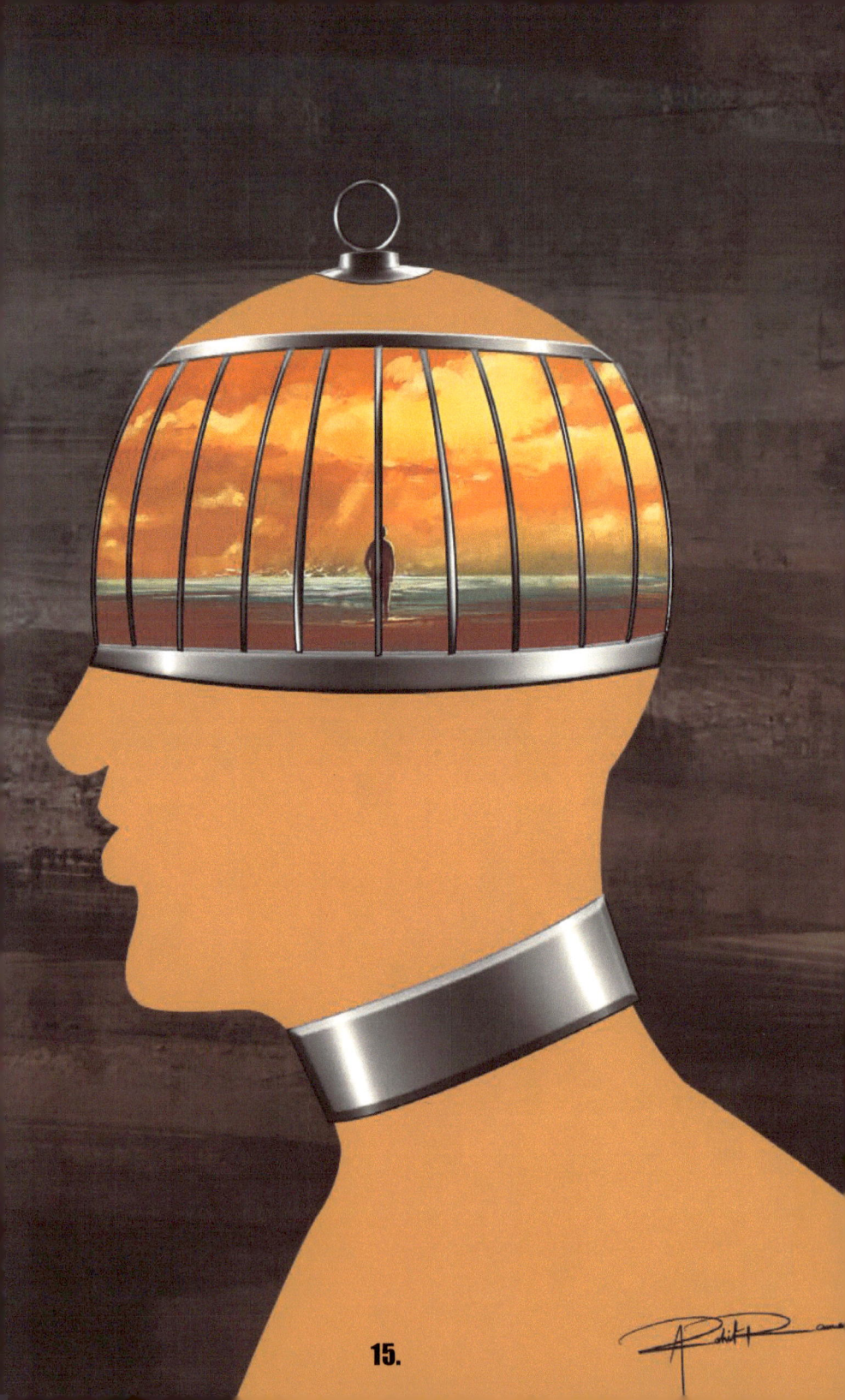

आज़ादी क्या है

तू आज़ाद है फ़िर भी आज़ादी मांगता है,
क्योंकि तू मांग सकता है।

उड़ता देख तू जला,
पिंजरे में बंद क्यों करता है?

तैरते देख तुझे अच्छा लगा,
तो तू अपने छोटे आशियाने क्यों लाता है?

पालतू बोलते-बोलते,
उसके गले में पट्टा क्यों डालता है?

तू आज़ाद है फ़िर भी आज़ादी छीनता है ॥

बेरंग चित्रों को कुछ रंगीन बनाते हैं

मैं, तेरे अधूरे चित्रों में रंग भरने लगा हूँ,
कभी समय मिले तो देखना ज़रूर,
तुम्हारे बिना कुछ बेरंग से हैं ।।

अब समय भी काफ़ी निकल गया,
गिला शिकवा, माफ़ करके आना।।

मृत्यु के बाद तो शिकायतें भी साथ दफ़न होती हैं,
अब क्या तुम्हें मेरी मृत्यु की सूचना का इन्तजार है ?

19.

दो प्याली चाय की

एक शाम की बात है,
मैं चाय की प्याली लिए,
शमशान घाट बैठा था

आप सभी सोच रहे होंगे कैसा विचित्र मानव है,
चाय की चुस्की, बड़ी ही विचित्र जगह ले रहा

सच बोलूँ, तो हाल ही में किसी अपने
को जलते देखा है,
तो सोचा कि
उनके साथ राहत भरी चाय पी जाए,
क्योंकि जीते - जी तो राहत मिलती नहीं ॥

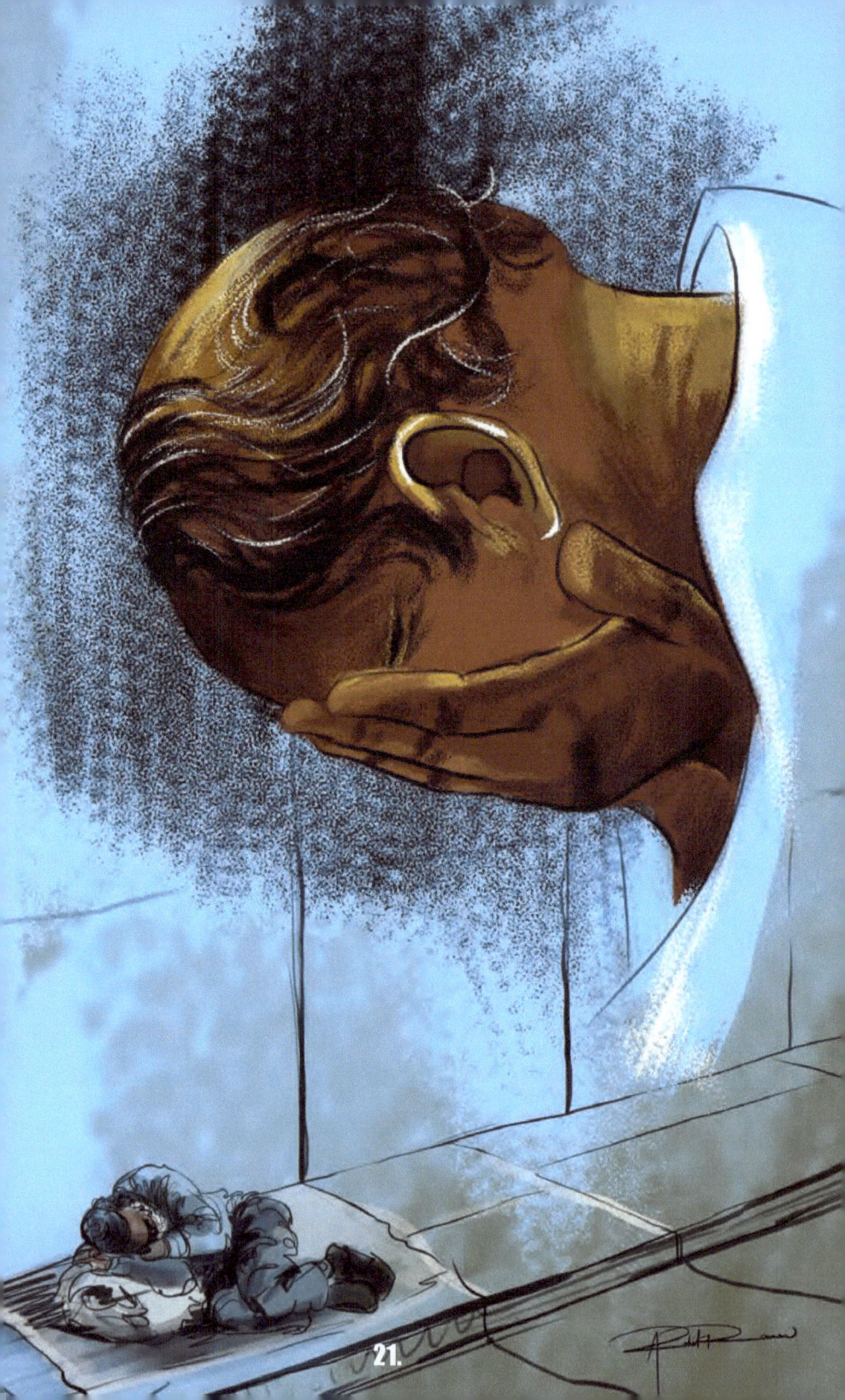

उम्मीद

ना आसमान में छत, ना ज़मीन पर घर,
मन में कुछ सपने, पर सब हो रहा बेख़बर ॥

शरीर पर कपड़ा नहीं,
मरने पर किसी को ख़बर नहीं,

सुबह का नाश्ता,
या
रात का खाना,

रोज़ सपने टूटते देखता,
फिर उम्मीद लिए उन्हें बुनता,
उम्मीद के लिए एक मूर्ति का टुकड़ा,
रोज़ फ़ुटपाथ पर सिरहाने रख सोता ॥

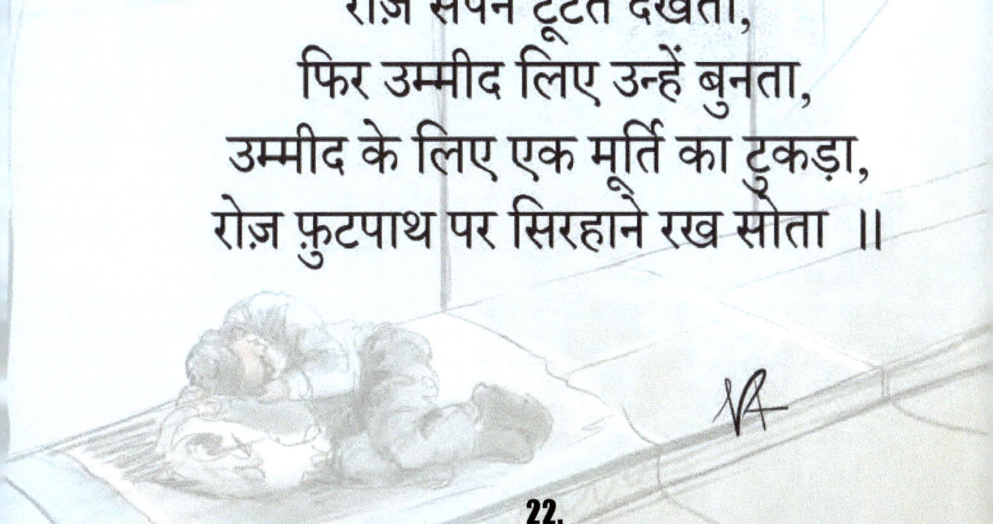

रहस्यमय है दिल्ली

कभी-कभी इन दिल्ली की रातों में
सितारे ढूँढ़ा करता था मैं,

सितारों का तो पता नहीं
पर वह चमक आँखों में देखी थी यहाँ,

जितना तेज़ यह शहर था
उतनी तेज़ी से चमक खोया करती थी यहाँ,

कभी लोग, इन्सान को ढूँढ़े यहाँ
कभी लोग, ख़ुद को खोए यहाँ ॥

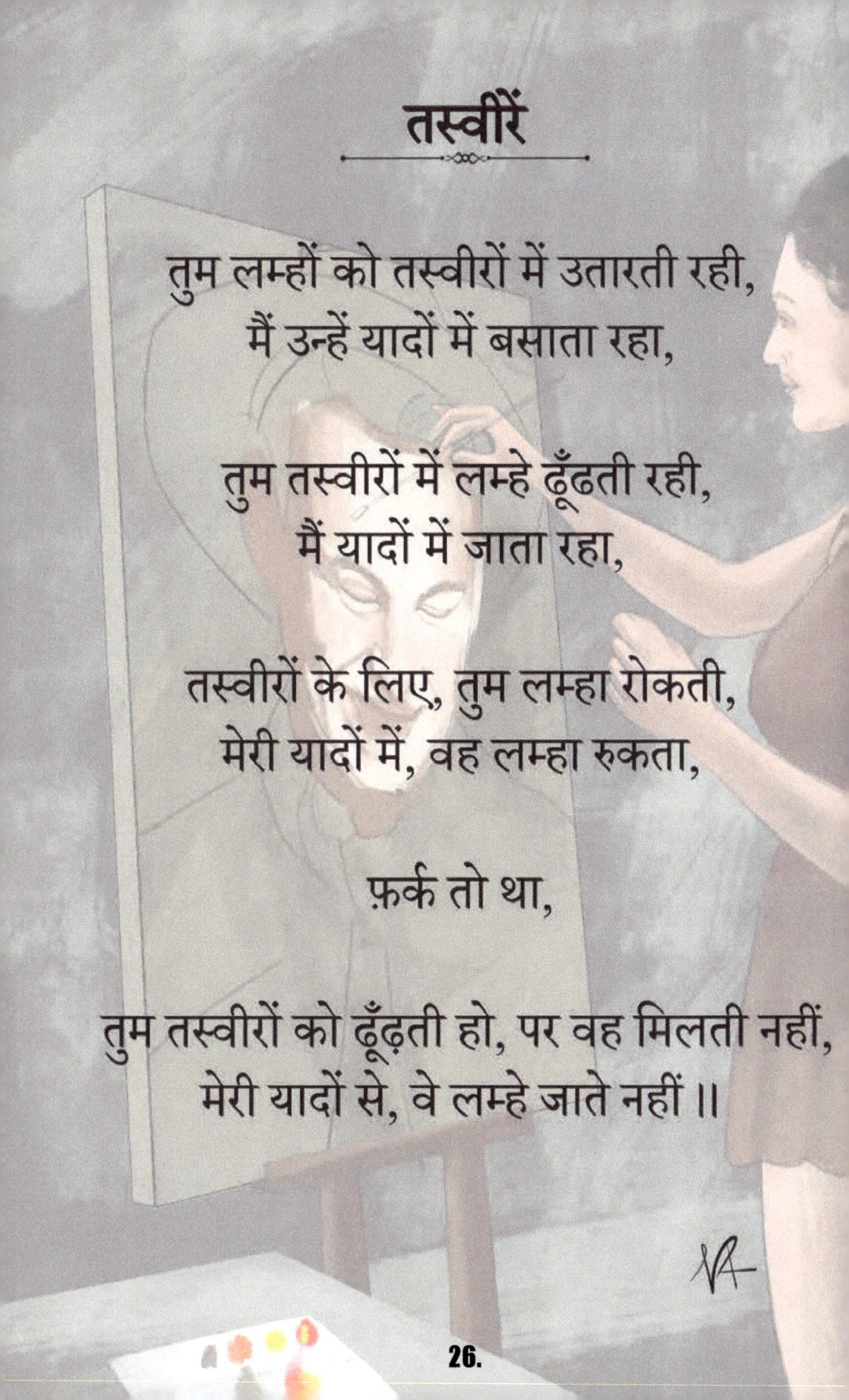

तस्वीरें

तुम लम्हों को तस्वीरों में उतारती रही,
मैं उन्हें यादों में बसाता रहा,

तुम तस्वीरों में लम्हे ढूँढती रही,
मैं यादों में जाता रहा,

तस्वीरों के लिए, तुम लम्हा रोकती,
मेरी यादों में, वह लम्हा रुकता,

फ़र्क तो था,

तुम तस्वीरों को ढूँढ़ती हो, पर वह मिलती नहीं,
मेरी यादों से, वे लम्हे जाते नहीं ॥

हम उस पल को याद करेंगें

उस रात गाड़ी चलाते वक़्त,
न जाने कैसे सांस लेने में तकलीफ़ होने लगी,
मानो डूबने का अहसास होने लगा,
वो एक कश, सांस लेने की चाह लगी ॥

पहला अहसास था कि कुछ दिल में ज़ोर से लगी,
रूह कंप-कंपाने लगी, पसीना टपकने लगा।
इसे लोग "अन्कजायटी" कहने लगे,
मैं इसे तेरी याद कहने लगा ॥

तेरी याद लगभग रोज़ाना आने लगी,
मानो ये सांस लेकर ही मानेगी।

ऊंचाइयों की चकाचौंध

सितारा बन, मैं तुम्हें याद रखूँगा,
अक्सर अकेले लोग ही,
लोगों को याद किया करते हैं।।

लेकिन उस चकाचौंध में,
तुम्हें याद करने का अवसर मिलेगा?

9:30 PM

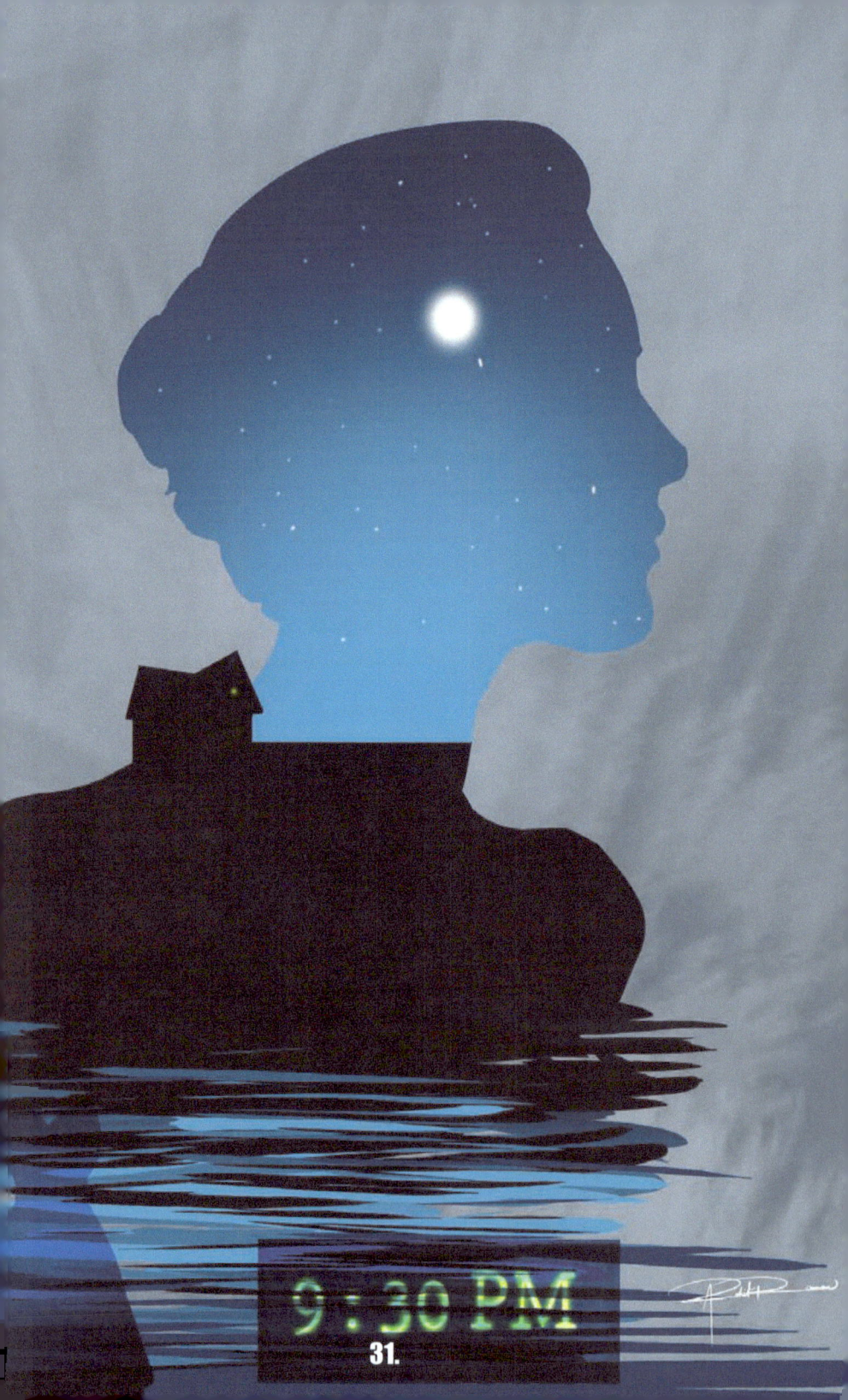

तुम क्या सिखाते हो

नहीं, ये मत पहनना,
हो सके तो वहाँ मत जाना,
घर जल्दी ज़रुर आना,
किसी से ज़्यादा बात ना करना
तुम सब, ये ही सिखाना

क्योंकि हाथ न रखते वे दूर,
क्योंकि घर के बाहर रहे थे घूम,
हैवानियत का थे, वे एक रूप,
लेकिन तुम सब वही सिखाना ॥

क्योंकि तुम नहीं सिखा पाओगे,
कि हो जाए देर, तो घर छोड़ आना,
कि तुम तहज़ीब में रहना,
हो सके तो, उनका जीवन थोड़ा आसान बनाना ॥

वक़्त-वक़्त की बात है

समय से पहले कुछ मिला नहीं,
समय के बाद कुछ रहा नहीं

मेरे अच्छे वक़्त में तू सुखी नहीं,
मेरे बुरे वक़्त में, तू दिखा नहीं

मनुष्य तू बड़ा विचित्र है,
मैं वक़्त हूँ तेरा दोस्त नहीं ॥

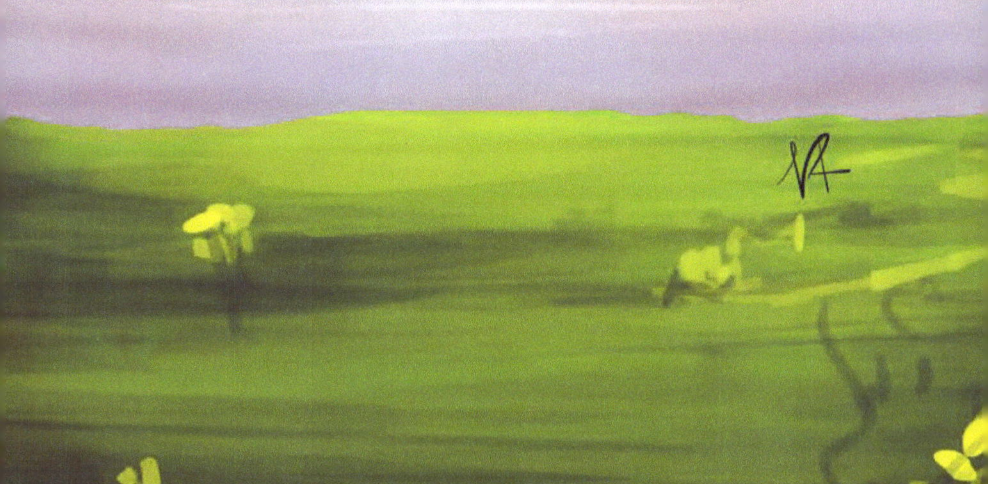

सफलता और असफलता के फ़ासले

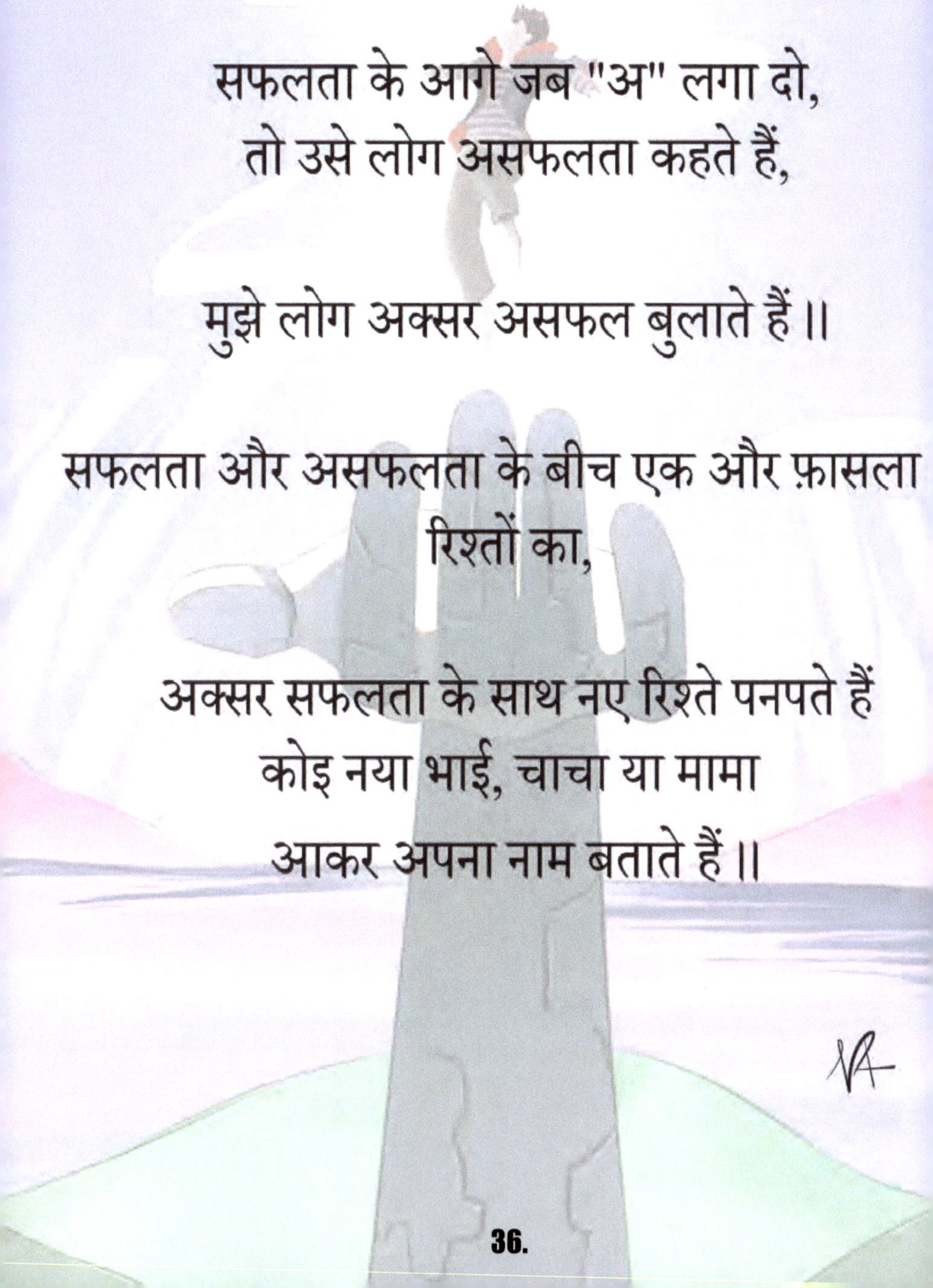

सफलता के आगे जब "अ" लगा दो,
तो उसे लोग असफलता कहते हैं,

मुझे लोग अक्सर असफल बुलाते हैं ।।

सफलता और असफलता के बीच एक और फ़ासला
रिश्तों का,

अक्सर सफलता के साथ नए रिश्ते पनपते हैं
कोइ नया भाई, चाचा या मामा
आकर अपना नाम बताते हैं ।।

सपने, जो नहीं रहे

क्या होता, अगर कुछ सपने,
पंखे से ना लटकते?
हो सकता है कि कोई अपना
मुस्कुरा के बोलता,
चल, फिर एक बार ॥

तो शायद कुछ सपने यूंही नहीं झूलते ॥

मैं ठीक हूँ

तुमने मुझसे पूछा, कि क्या तुम ठीक हो?

क्या होगा, अगर मैं मना कर दूँ?
क्या होगा, अगर मैं सच बोलूँ?

क्या मैं तुम्हें यह बता सकता हूँ,
कि मुझे आज चिल्लाना है,
चीखना है और शायद रोना भी है?

चलो छोड़ो, मैं आज भी ठीक हूँ बोल
मुस्कुरा कर चल दूँगा ॥

2015 — 2023
1920 — 2000
2015 — 2023

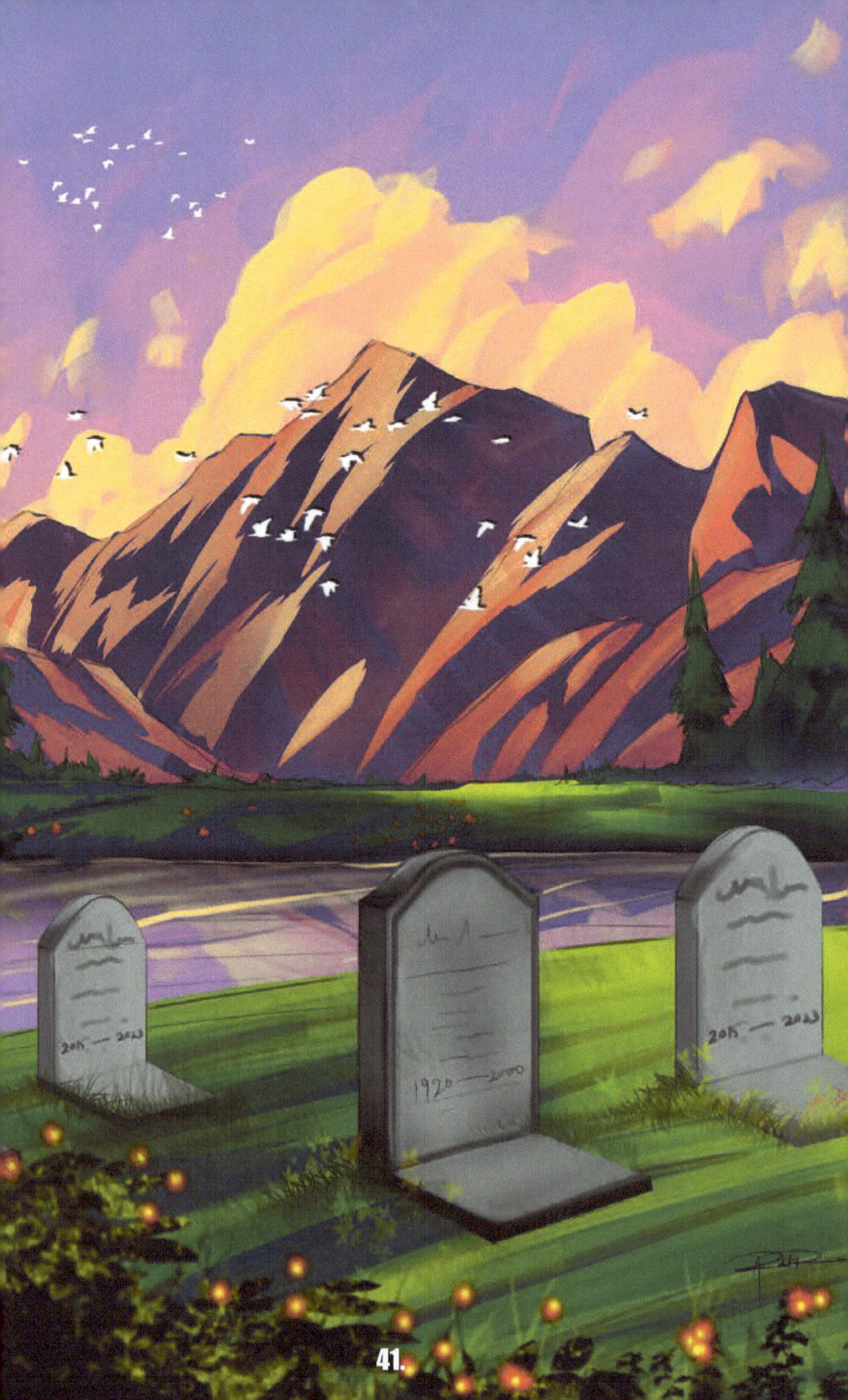

जन्नत-ऐ-कब्रिस्तान

जन्नत है कब्रिस्तान, जन्नत नहीं तो क्या,
जहाँ लैला मजनू, आज भी रहता साथ यहाँ

जन्नत नहीं तो क्या,
बच्चा सुकून, में सो रहा यहाँ

जन्नत नहीं तो क्या,
दो अनजान मुसाफिरों का भी बसेरा यहाँ

जन्नत नहीं तो क्या,
बिछड़े भी मिलते यहाँ

जन्नत नहीं तो क्या,
जहाँ अब कोई भाग नहीं रहा

आँसुओं से खिले फूल कुछ दर्शाते हैं,
जन्नत की याद दिलाते हैं ।।

राहें ढूँढते मुसाफिर

ढूँढने से राहें मिलती नहीं,

मुसाफिर बनो, इन रास्तों पर चलो,
कभी थक जाओ, तो आराम फ़रमाना,
कभी मुड़कर, रास्ता भी बदलना,

क्योंकि राहें, जहां खत्म होती
वहीं से शुरू भी होती ॥

माँ का आंचल

आंचल में छिपा सिक्का,
जब बाहर निकल उछला,

झपटने आये चील,
सब छील के ले गए।

कुछ सवाल और उसके प्यारे जवाब

तुमने पूछा, इतने सालों के बाद भी,
तुमने मुझे कैसे पहचाना?

सच बताऊँ, तो तुम्हें पहचानने के लिए
मुझे तुम्हारी ज़रूरत नहीं,

महज़ मेरे दिल का जोरों से धड़कना,
मेरे गले का सूख जाना और अचानक
से तुझे महसूस करना
काफ़ी था मेरी आँखों के लिए,
तुझे अपने पास ढूँढना

आज भी, एहसास बन तुम मेरे दिल में हो और
मुस्कुराहट बन मेरे चेहरे पर हो ॥
अब मैं पूछता हूँ, क्या हासिल किया
तुमने दूर होके भी?
दूर होके भी, तो थे मेरे पास ही ॥

आज तो रावण भी था बेचारा

कलयुग में तो रावण भी न रह पाता,
एक विभीषण ही काफ़ी था,
जो उसे हर साल जलवाता,

आज तो वैसे भी,
हर गली में विभीषण रहता,
ना जाने वो किस-किस से बच पाता ॥

मोहब्बत

मोहब्बत महज़ अल्फाज़ नहीं
बल्कि अफ़साने है
अफ़साने जो सिर्फ़, तुम्हारे हैं,

मोहब्बत में डूबना
और
उससे निकलना एक अलग एहसास है
एहसास जो सिर्फ़, तुम्हारे हैं

मोहब्बत एक बार नहीं, बार-बार करो
महज़ करने के लिए नहीं,
बल्कि उसे महसूस करो ॥

आसमान और शहर

ऊंचाईयों में तो, सभी साथ
दिया करतें है,
तुम थोड़ा सा साथ,
आज निभाना

ऊंचाईयों से तो, शहर भी
अच्छा लगता है,
तुम शहर में रह कर, हाथ थामना

ऊचाईयों में तो, उड़ते पक्षी भी
अच्छे लगते हैं,
तुम शहर में घूमते, इंसान
को भी देखना ॥

खिलौने इंसान के

आज पिता जी कुछ नए खिलौने लाए,
लाए चमकते, नए खिलौने,
मेरी आँखों में चमक थी, इन खिलौनों की,
खेलते उनसे काफ़ी समय बीत गया,
खा उन्हें मेज़ पर, अगली सुबह फिर खेला गया ।।

पिता जी फिर एक दिन, नए खिलौने लाए,
अब आँखें इन खिलौनों के लिए चमकती,
पुराने खिलौने कहीं बक्से में बंद रखे रहे,
उनकी नए खिलौनों से बनती नहीं
क्योंकि अब उनमें वो चमक नहीं ।।

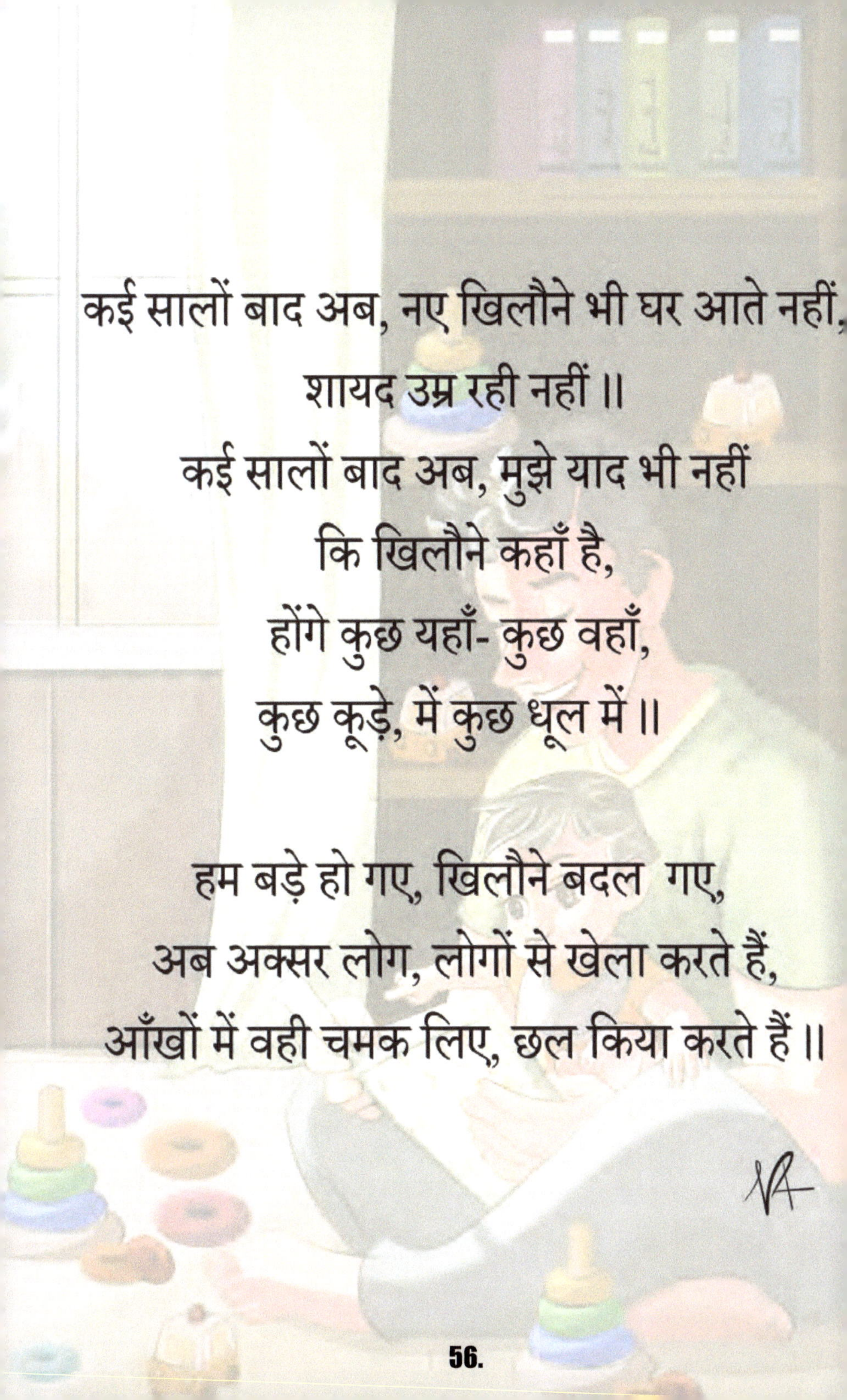

कई सालों बाद अब, नए खिलौने भी घर आते नहीं,
शायद उम्र रही नहीं ॥
कई सालों बाद अब, मुझे याद भी नहीं
कि खिलौने कहाँ है,
होंगे कुछ यहाँ- कुछ वहाँ,
कुछ कूड़े, में कुछ धूल में ॥

हम बड़े हो गए, खिलौने बदल गए,
अब अक्सर लोग, लोगों से खेला करते हैं,
आँखों में वही चमक लिए, छल किया करते हैं ॥

तीन शब्द

'तुमसे नहीं होगा' बोल,
तुमने मुझे रोका।
'तुमसे नहीं होगा' बोल,
तुमने मुझे तोड़ा।

ये तीन शब्द,
सबके हिस्से आए।

जो मान गया, वो पछता रहा।
जो सह गया, वो सोच रहा।
जो ठुकरा गया, वो उड़ रहा॥

समय का पहिया

वस्त्रहीन आए थे,
वस्त्रहीन चले जाओगे,
ये कौनसा संघर्ष है, समय खो रहे हम

थोड़ा समय था, कि मिलेंगे हम
थोड़ा तुम पूछना, कहाँ से आए हम
थोड़ा मैं पूछ लूँगा, कहाँ थे तुम ॥

थोड़ी देर की मुस्कान

आज सुर्खियों में तेरा नाम होगा,
कल ऐतिहासिक पन्नों में भी तेरा नाम होगा ॥

शाम तक लोगों के मुँह पर तेरा नाम,
और चेहरे पर मुस्कान होगी,
बच्चों के रंगीन सपनों में तेरा ही चेहरा होगा,
रात होते-होते तू भी थोड़ा खुश होगा ॥

पर कल सुबह, फिर एक बार मेहनत होगी,
क्योंकि कोई नया दरवाज़े पर दस्तक देने खड़ा होगा

चका चोंद में घूमते मुसाफ़िर

अंजान मुसाफ़िर अक़्सर राहों
पर मिल जाया करते है
वो मिलकर अपने अफ़साने लिखा करते है
मुसाफ़िर तुम चका चोंद से दूर रहना
सुना है, कुछ मुसाफ़िर चका चोंद में घूम कर
आया करते है और फिर
वे अंजान बन जाया करते है ।।

65.

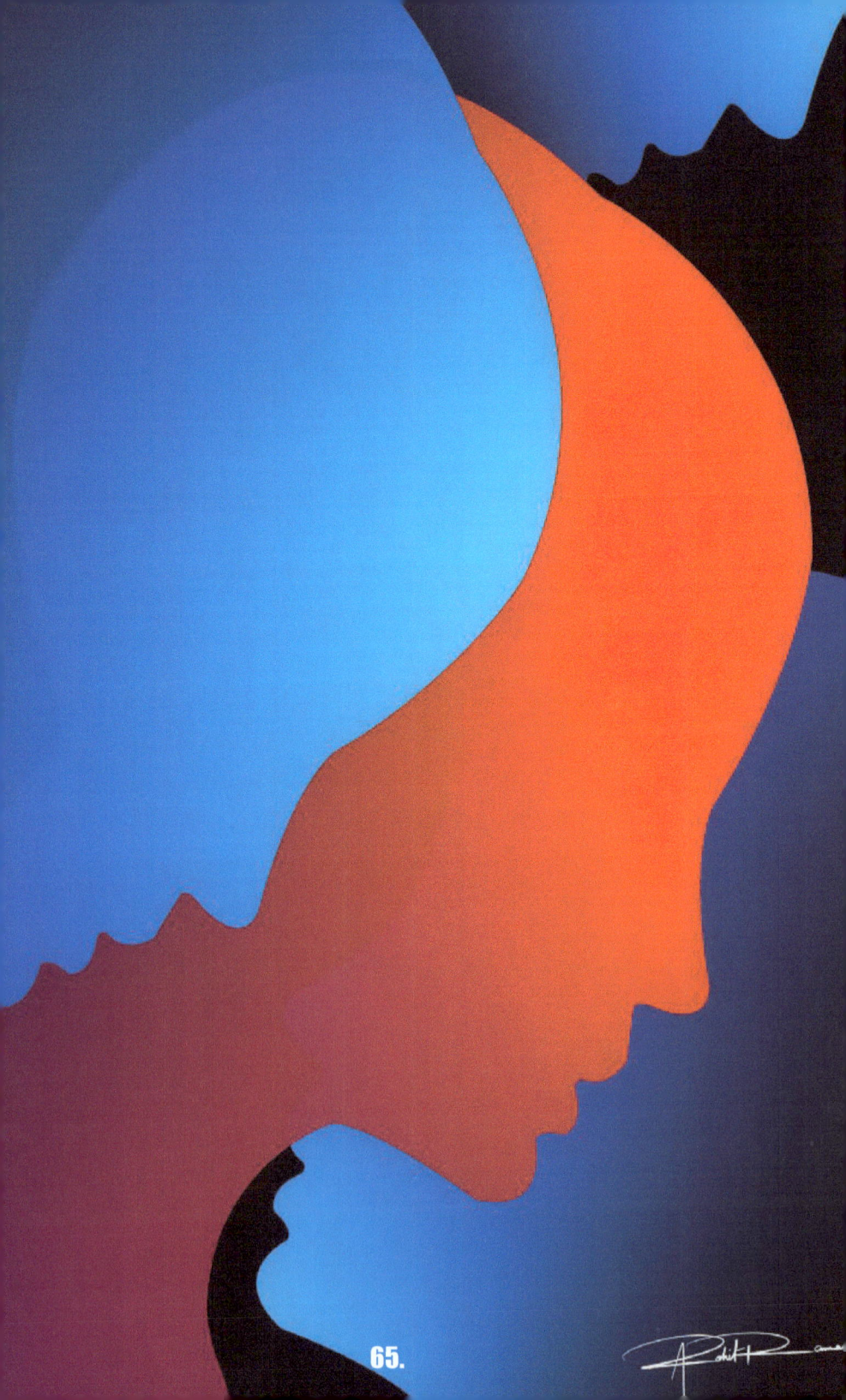

खुशनसीबी

रुक जाता किसी के ख़्याल से,
क्यों चित्रकारी करी रंग लाल से ॥

कुछ समय से मरती समस्याएँ,
कल हास्य का अहसास होती ॥

खुद की खुशी के लिये, खुदकुशी करना भी क्या
खुशनसीबी रही होगी ॥

कटी पतंग

काफी समय पहले पतंग कट चुकी,

ऊँचाइयों से तैरती जमीन पर आ गिरी,

काफी समय पहले पतंग कट चुकी,

लेकिन हम आज भी वही मांझा पकड़े खड़ें हैं ॥

टपकता खून जमीन पर,

जिसकी कीमत ना काटने वाला समझा,

ना ही बटोरने वाला समझा ॥

मेरा प्यारा तिरंगा

अब कई साल बीत चुके हैं,
मैं आपके शरीर का वह सफेद हिस्सा हूँ,
जो शांति की प्रतीक्षा कर रहा,

अब बस पीस मत मुझे इस नारंगी
और
हरे के बीच
मुझे भी इस शांति से परिचित करा दे ॥

हम सब एक मुसाफिर ही तो हैं

मुसाफिर हूँ मैं इस रात का,

जो मिले थे आज, हो सकता है कल ना हो साथ।

मुसाफिर हूँ मैं इस रात का,

हो सकता है कि चाँद की चुराई रोशनी भी

ना हो तेरे साथ

मुसाफिर हूँ मैं इस रात का,

मुसाफिर हूँ मैं इस रुह का।

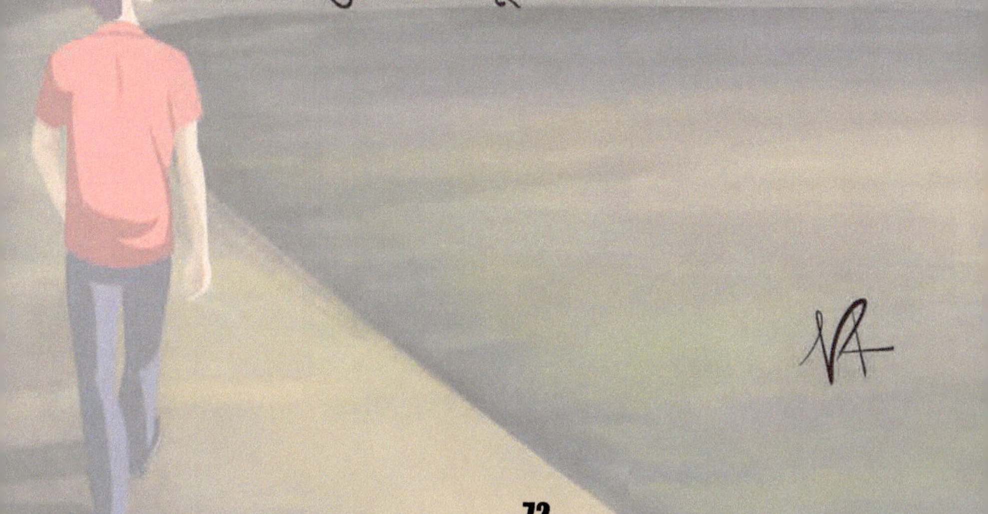

दौड़ जारी है

कभी आगे-कभी पीछे,
ना जाने, क्यों रह गए अधूरे।

इस दौड़ में मैं भी और तुम भी,
मंजिलें अलग, सफर अलग,
लेकिन, इस दौड़ में मैं भी और तुम भी ॥

भागते जा रहे ना जाने किसके पीछे,
मंजिलें अलग फिर भी, तुम मुझे खींचते मैं तुम्हें ॥

कभी कन्धे पर हाथ रख बोलो ना, कि तुम हो यहाँ,
मंजिलें अकेले थोड़ी धुंधली हो जाती हैं,
तो थोड़ी देर साथ चलो यहाँ
एक दूसरे को थोड़ा भरोसा दे दो ना ॥

चलो कोई नहीं दौड़ जारी रखते हैं,
कभी तो रुकोगे ना?

आँखे जो तुम्हारी कहती

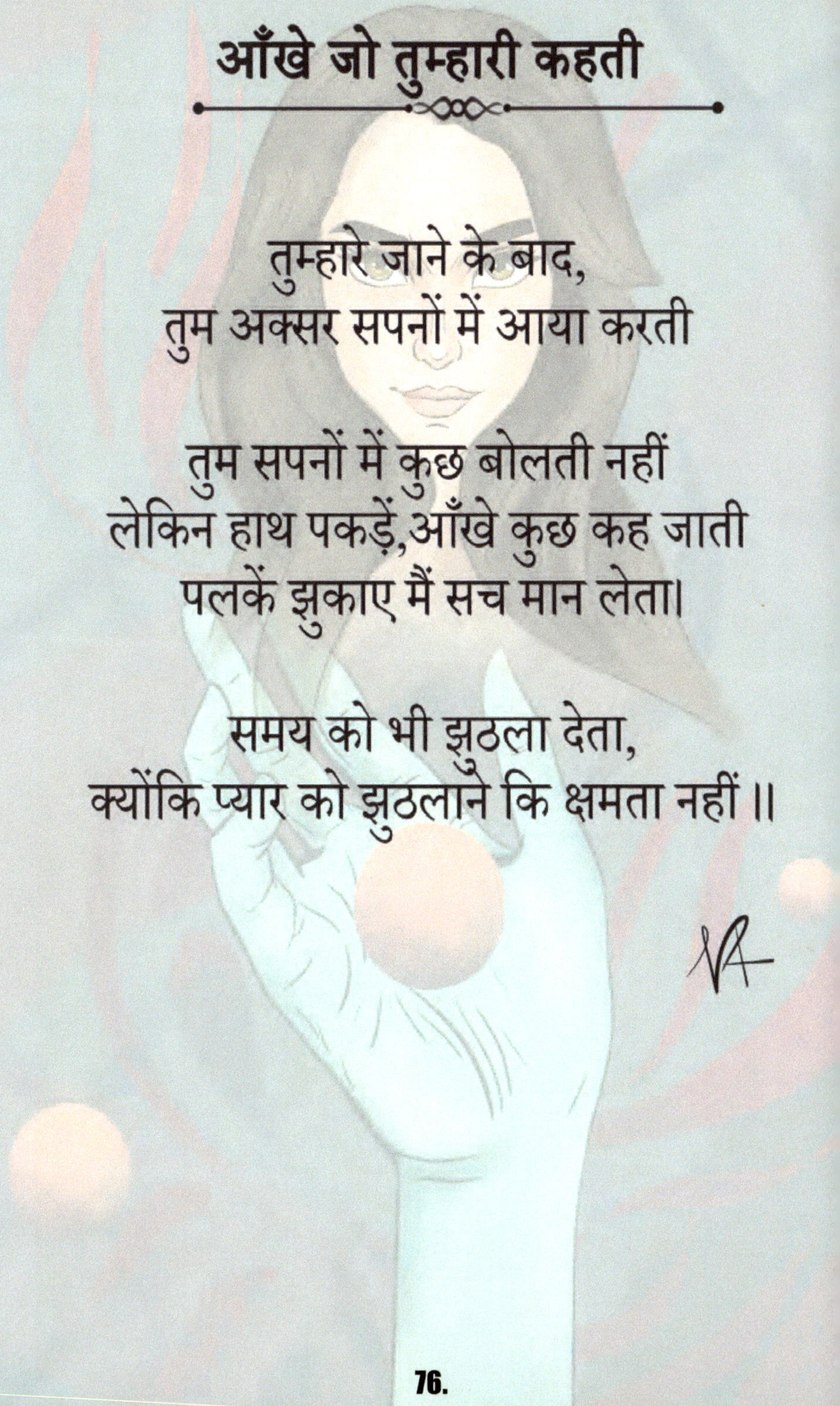

तुम्हारे जाने के बाद,
तुम अक्सर सपनों में आया करती

तुम सपनों में कुछ बोलती नहीं
लेकिन हाथ पकड़ें, आँखे कुछ कह जाती
पलकें झुकाए मैं सच मान लेता।

समय को भी झुठला देता,
क्योंकि प्यार को झुठलाने कि क्षमता नहीं ॥

अभी ज़िन्दा है

जुनून है, तो तू ज़िन्दा है,
जुनून है, तो तू ज़िन्दा है।

कल अगर अखबारों में,
तेरी मृत्यु का प्रचार आए,
तो वो जुनून है,
जो तुझे इस क़ाबिल बनाए ॥

यह एहसास जो तुम्हारा है

याद है तुम्हें, एक नज़्म कि किताब दी थी,
लौटाते समय, तुमने मुझे एक नज़्म पढ़ा था ॥

उस नज़्म में तुम्हारा एहसास था,
आज कई सालों बाद इत्तेफ़ाक़ से
वह नज़्म फिर पढ़ी गई,
तुम्हारे उस एहसास ने, रूह को ठहराया,
तुम्हारे उस एहसास ने, अल्फाज़ को भी ठहराया ॥

यह तुम्हारा एहसास ही तो था,
जो बतलाता, कि तुम कभी थे यहाँ ॥

तुम आज भी उसे मत पहचानना

जेब में आने थे दो, उसने ख़र्चे चार
क्या करता वो, करता था तुझसे प्यार
और
फरमाइशें थी तेरी हज़ार

तूने गलती करी पूरी, उसने डाँटा तुझे आधा
तुम्हें प्यार किया आधा, उसने किया कुछ पूरा

तुने हमेशा सोचा होगा,वो तुझे खूँटी से बाँधना चाहता
पर वो तो तेरे साथ समय था बिताना चाहता

आज भी तुमने उसे नहीं पहचाना
जब तक तुम उसे पहचानोगे वो हो गया था बूढ़ा ॥

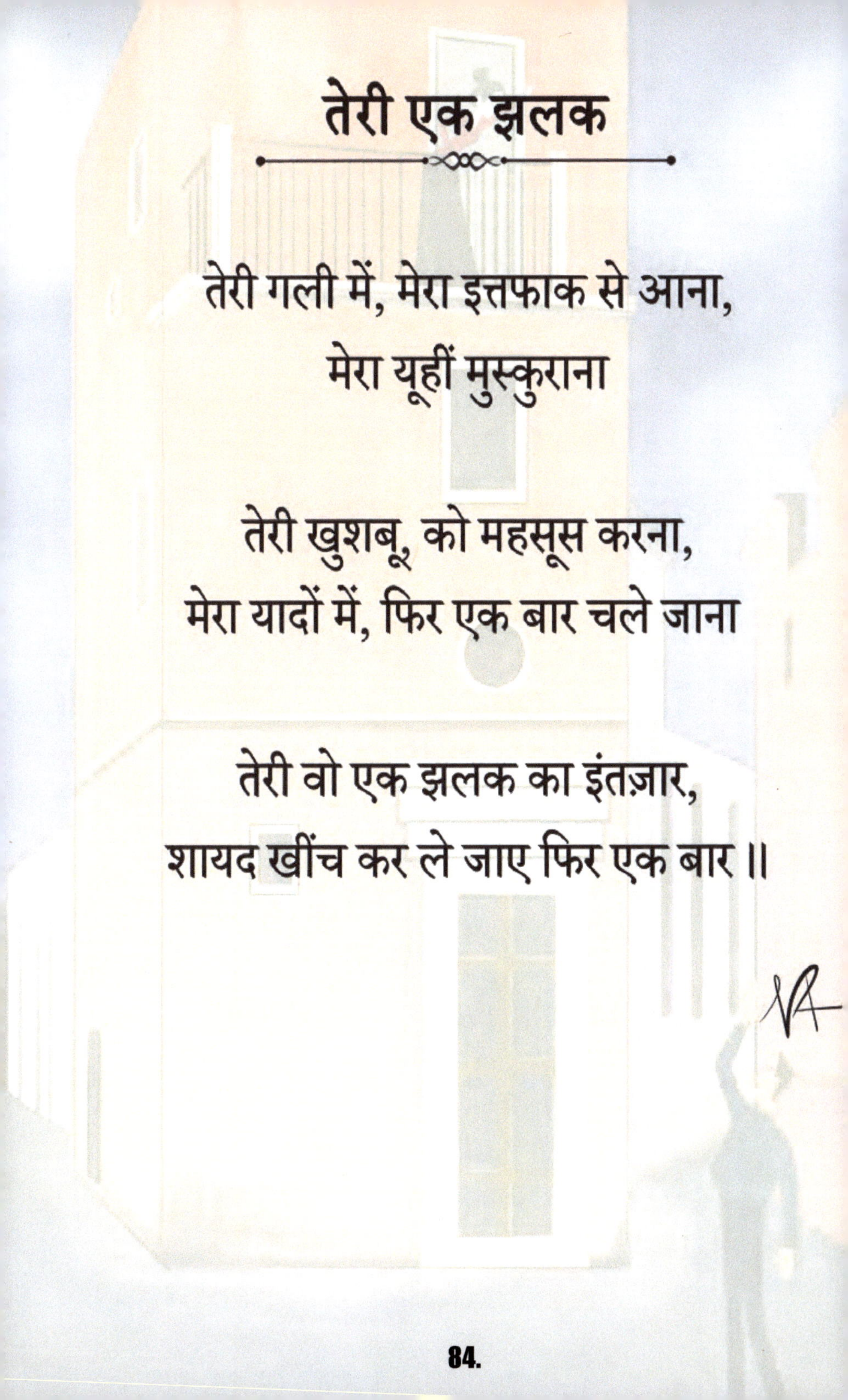

तेरी एक झलक

तेरी गली में, मेरा इत्तफाक से आना,
मेरा यूहीं मुस्कुराना

तेरी खुशबू, को महसूस करना,
मेरा यादों में, फिर एक बार चले जाना

तेरी वो एक झलक का इंतज़ार,
शायद खींच कर ले जाए फिर एक बार ॥

मेरी गली

कई सदियों बाद, में अपनी गली आया,
सब इधर-उधर हो रखा है,
मगर आज भी,
सूरज की किरणों में वही रोशनी है,
मगर आज भी,
पतझड़ के बाद पेड़ फिर खिल उठता है,
मगर आज भी,
उस हवा में वही सुगंध और वही ठंड है,
मगर आज भी,
वो वादियाँ सबको बहलाती है,

लेकिन सब इधर-उधर हो रखा है,
मगर कई सदियों बाद, हम काफिर सही जगह हैं ॥

कहां हो तुम छिपे

कितने दरवाज़े तुमने बंद किये
मेरी आँखे, फिर भी तुम्हें आज ढूँढे

मेरी यादों में एक तस्वीर हैं जो जाती नहीं
ऐसा नहीं है कि मैंने समझाया नहीं
पर मेरा दिल है कि मानता नहीं।

नादानी में दिल कहा करता जा
सारे दरवाज़े तोड़ मुझे उससे मिलवा ॥

You Write. We Publish.

To publish your own book, contact us.

We publish poetry collections, short story collections, novellas and novel

contact@thewriteorder.com

Instagram- thewriteorder

www.facebook.com/thewriteorder

www.ingramcontent.com/pod-product-compliance
Lightning Source LLC
LaVergne TN
LVHW071321080526
838199LV00079B/650
* 9 7 8 9 3 6 0 4 5 8 2 9 4 *